이규배 시집

삼십 년

문학과행동 시선집-006

삼십 년

ⓒ문학과행동사 2025

제1판 1쇄 발행 2025년 4월 16일
제1판 2쇄 발행 2025년 5월 1일

지은이 이규배
펴낸이 이규배
펴낸곳 문학과행동사
편집책임 최다영
표지그림 최서림
편집디자인 최다영

출판등록 2015년 8월 3일 제 2015-000059호
주소 서울시 강서구 까치산로 22길 29-7 문학과행동사
전화 02-2647-6336
인쇄제본 (주)다온피앤피

ISBN 979-11-956780-5-1

*저자와 협력하에 인지는 생략합니다
*저작권법에 따라 보호받는 저작물이므로 무단전재와 복제를 금합니다

이규배 시집

삼십 년

문학과행동

자서

병든 대추나무 가지에 목을 매달은
붉은 장미꽃에게
시월에는

눈물을 닦고 가슴속 심장을 바치자

꽃잎의 중심으로 집중했던
낡아빠진 눈물일랑은
쓰윽, 손등으로 문지르고
펄펄 끓는 붉은 심장을 바치러

나는 행진할 것이다.

차례

005 자서

제1부 삼십 년

011 눈물 나비
012 비의 귀
013 30년
014 칠월칠석날
016 퇴원
017 삼십 년
018 올리브나무와 호랑나비
020 격렬비열도 가는 길
023 산정만가山頂輓歌
025 낮달-사회복지에 대해
026 영광 버스터미널 순댓국집

제2부 어떤 염세주의자의 결심

031 저 꽃

032   어떤 염세주의자의 결심
033   파리의 슬픔에 관하여
036   이천이십삼년 초겨울 동이 막 틀 즈음
038   칼날 위에서 1
039   칼날 위에서 2
040   칼날 위에서 3
041   칼날 위에서 4
042   바퀴벌레에 관한 단상斷想
044   다시 바퀴벌레에 관한 단상
045   또다시 바퀴벌레에 대한 단상
046   다시 파리의 슬픔에 관하여
047   설교

제3부   목련 단풍

051   박각시나방의 사랑
052   안보리 농장에서
053   다시 안보리 농장에서
054   오늘은 왜 비가 내리는가
055   숫눈길
058   거울과 얼굴
060   이십사 시간 해장국집

062	목련 단풍
064	벽에 걸린 심장
066	문둥이북춤 –안동국제탈춤페스티벌 고성오광대 문둥이북춤을 보고

제4부　　황등이모님

069	막내외숙모
070	정릉외숙모
072	진주 강씨 외할머니
073	황등이모님
075	함열이모님
077	동래 정씨 외가
078	흰제비꽃–어머님 무덤 앞에서

083	해설/별리別離의 정한에서 귀소성鬼笑性의 세계로(임동확/시인)
107	시집 후기

제1부

삼십 년

눈물 나비

눈이 푹푹 내리던 그해 겨울은
하늘 끝에서 죽은 나비가 쏟아지는 줄 알았다.
목구멍에 걸렸다가 심장을 울리며
창자로 쏟아져 내리던 흰 슬픔이
우주의 끝까지 가서 흑흑 저 혼자 울다가
배꼽 속까지 쏟아져 날리는 줄 알았다.

비의 귀

 담장 너머 연두색 파초잎이 흔들리다가 후두두둑 후두두둑

 비인지도 모르고 오는 비가 후두두둑, 후두두둑

 뻔뻔한 얼굴, 뻔뻔해진 눈동자에 후두두둑, 후두두둑

 후두두둑, 후두두둑 어둠 속으로 숨어 들어가는 귀뚜라미도

 미워하는 마음도 후두두둑, 후두두둑

 우는지도 모르고 울고 있는 가을비야

 오른쪽 팔목 정맥이 뛰는 소리를 들어라, 후두두둑 후두두둑

30년

미워하는 마음도 늙어버린 사월 조용한 저녁
주름살 위로
목련꽃 죽었다.
세수한 아침 비누 냄새 곱던
평상 위 손거울을 펴고 머리카락을 빗어 넘기던 당신
사무치는 마음도 늙어버린 봄날 고요한 저녁
목련꽃 죽었다.

칠월칠석날

 마른 칠석날,

 상처에 새살이 돋을 때 미움은 맺혀져 떨어지려는가,
 팔월에 감나무 아래에 저물녘에 기억은 푸르러지고 달은 떴는데

 참 좋겠다, 지렁이야 감나무 아래 구석에 쉰밥을 주고 넋 없이 한참을 섰다가
 넌 좋겠다, 지렁이야

 지렁이야, 지렁이야, 지렁이야, 이젠 돌아가야지 흙 속으로

 회색 시멘트 바닥에 뻘그죽죽 꿈틀거리는 지렁이를 집어 꽃밭에 넣어 주며
 땡감 낙과를 주워 또 지렁이에게 던져 주며

\>

마른,

마른 칠석날,

넋 떨어지게 내 가슴 내가 쓸다가⋯.

퇴원

나는 창자를 잘라냈고, 짐을 쌌고, 혼자 병원을 나왔다.

오시라
절망의 기차 바퀴시여
내 가슴 아픔 안고
떠난 기억을 싣고,
그대는 싸늘한 레일을 받친 검은 침목으로
드러누워 버려진 이 외로운 가슴을
시속 삼백 킬로미터의 속도로 갈고 가시라.

삼십 년

삼십 년 전이었다

사람을 가리어 만나라고
그는 내게 말했다

대답 대신 나는 그를
만나지 않기로 했다

삼십 년이 지났다

그는 건강했고 유명해졌고
자랑스러워했고
나는 병들었고 가난해졌다

나는 후회하지 않았다

올리브나무와 호랑나비

 불솥 더위 속 올리브 초록 나뭇가지에 날아와 앉은 검고 흰 무늬의 호랑나비는 어떤 사연을 품고 주무시는지

 소낙비 지난 흐린 새벽 유리창에 비치는 죽어 버린 난타나 꽃가지 안쓰럽다고 찹쌀 청주를 댓 잔 따라 넘기고

 시를 읽다가 마당으로 나오면 말라버린 꽃가지 옆 올리브 나뭇가지에 매달려 여즉 주무시는 검고 흰 얼룩무늬 호랑나비여

 나는 머루 넝쿨 틈으로 보이는 어린애 첫 이빨같이 흰 구름 몽실몽실한 푸른 하늘을 올려다보다가 여름의 고비에서 그녀가 죽어간다는 걸 알았다

 이 하늘 저 하늘 꽃밭 하늘을 날다가 나뭇가지에 날아와 앉아 두 팔을 벌린 허수아비처럼 젖은 날개를 말려가며

\>
 못 다 보았던 얼굴들 보고 싶어 찾아오셨나
 죽어가고 있는 아침나절의 검고 흰 얼룩무늬 호랑나비여

 초록 나뭇가지에 매달려 끝내 전하지 못한 사연 끌어안고 불솥 더위 속
 너는 자는 듯
 아, 그만 죽어 버리고 만 것이구나!

격렬비열도 가는 길

그 섬이 거기 있다는 말을 들었을 때
나는 그 섬으로 가 죽고 싶었다.

젊음은 슬픈 이념과 격렬激烈하게 울다가
순결한 것도 아니고
타락한 것도 아닌 세상 속에서
갈매기 울음이 얼음 가루 같은 햇살에
흩어져 가라앉는 노을 지는 섬 푸른 물결, 거기
젊은 내 이름을 지워버리고 싶었다.

슬픔의 열도熱度
격렬비열도,
격렬비열,
격렬비열,
격렬비열도.

섬은 밤마다 나를 부르고

나는 밤마다 그 섬으로 가 죽고 싶었고
소리쳐 뉘우쳐도 돌이킬 수 없었던 비겁함은
밤바다에 쏟아지는 별빛보다 많았다.
뻔뻔한 하늘 아래 뻔뻔한 줄 몰랐던 청춘,
서둘러 날아가는 갈매기처럼
도망치고 말았던 충청남도 태안 신진항에서
격렬비열도로 나는 가고
뱃고동처럼 뛰던 젊은 심장은
핏빛으로 끓으며 펄펄 겨울 바닷속으로
가라앉고 있었다.

내가 나를 속이고 만 청춘의 섬
바보가 돼서 이제 나는 울지도 못하는가.

아직도 끓는 붉은 가슴에 박혀 떨고 있는
치욕의 화살이여.
격렬비格列飛, 격렬비 열도列島여.

내가 나를 속이고 등을 돌렸던 참혹했던 젊은 날들이여!
격렬비, 열도여 날아서 오르라

\>

날아서 오르라, 격렬비, 격렬비 열도여!

산정만가山頂輓歌

너의 무덤 앞에 옮겨 심은 작은 나무에 물을 주고
너의 편지들을 고이 접어 파묻었다 편지지 위에
떨어져 얼룩지던 그해 봄날의 눈물도 달빛에 씻겨
엷은 미소도 묻어 주었다 바람이 불어와 작은 나무를
흔들며 한마디 하고 계곡의 물소리도 한마디
수런거리며 흘러가는데 너와 내가 흘려보내지 않기로 한
순결은 얼음 속처럼 맑아지리라 믿었고, 너와 내가
흐린 하늘에 부친 사연들은 눈송이거나 우박이거나
가랑비이거나 소낙비이거나 우리 사는 세상을 덮어 주고
적셔 주고 하리라 믿었다, 그렇게 꽃이 피고 새가 울고
눈이 내리고 또, 네 무덤 앞에 옮겨 심은 작은 나무의
줄기가 굵어가고, 나뭇가지들을 잘라주며, 벗이여
나는 부끄러움의 눈물을 방울방울 네 무덤 앞에 떨군다
새날은 오는 듯 가 버렸고 우리의 탐욕, 우리의 치졸,
우리의 흥분, 우리의 방심, 우리의 증오와 뒤섞여,
벗이여 꺼져버린 줄만 알았다가 다시 살아난 검은 불씨

로

이 세상은 불에 덮여 타고 있다 벗이여 나는 어디로
가야 하느냐 어디로 가야 새벽이 오기까지 수십 번
아니라고 외쳤던 네 음성을 들을 수가 있는 것이냐
얼마나 더 이 달빛 바람에 눈물을 씻기어야 네 미소를
담을 수가 있는 것이냐 벗이여 네 무덤 위에 이는
바람의 칼날 위에 서서 어느 만큼 더 뉘우쳐야 하느냐

낮달
−사회복지에 대해

아홉 마리
새끼 낳고 어미 개가 죽었다
새끼들 핥아가며 마른 젖 물린 아비 개
젖꼭지야 젖꼭지야,
낮달이 뜬다.

영광 버스터미널 순댓국집

영광 버스터미널 순댓국집에서
시월이 끝나갈 때
조곤조곤 몹쓸 병의 불안이 속삭여 올 때
진기 형과 한기 동생과 재칠 아우와
밤 깊은 순댓국집 순댓국 상에 둘러앉아
진기 형 동생 한기는 내 병을 걱정하였고
나는 그런 한기 동생이 안쓰러웠고
재칠 아우는 그러는 내가 안쓰러웠고
배추김치에다 총각김치에다가 깍두기에다가
새우젓 냄새에 질척하게 흐려지는 두 눈에
진기 형은 말을 아꼈고,
벽시계는
조곤조곤 몹쓸 병의 불안을 속삭여 오고
시월이 갈 때
알전구에 불이 깊을 때
나는 아주 오랜 옛날로 돌아가서
자식도 없고 마누라도 없고 여비도 없는

늙은 낙방 과객이 돼 외진 주막집 차게 빛나는
등불을 보며 가을바람에 쓰러질 것만 같은
지치고 병든 몸을 봉놋방 아랫목에 눕히고 싶었다
외등의 불이 꺼졌을 때
돼지 창자는 붉게 끓고 비릿하고 구수한
냄새는 흰 김과 같이 눅지근하게 퍼지고
나는 다시 살아갈 수 없는 날이 와도 좋아라
원망과 한숨이 섞인 술잔을 내려놓으며
아아, 나는 모든 것이 고마웁고 새로워라
영광 터미널 순댓국집에서
시월이 끝나갈 때
벽에 걸린 시계가 조곤조곤
몹쓸 병의 불안을 속삭여 올 때….

제2부

어떤 염세주의자의 결심

저 꽃

냉소 속을 헤매 흐르던
혼란의 응결

능선을 타고 오르는
환각의 결정

물소리 쟁쟁한 골짝,

기슭을 타고 걸어 오르는

흰 소의 검은 눈망울에 맺힌

저

꽃!

어떤 염세주의자의 결심

행진할 것이다.

병든 대추나무 가지에 목을 매달은
붉은 장미꽃에게
시월에는

눈물을 닦고 가슴속 심장을 바치자

꽃잎의 중심으로 집중했던
낡아빠진 눈물일랑은
쓰윽, 손등으로 문지르고
펄펄 끓는 붉은 심장을 바치러

나는 행진할 것이다.

파리의 슬픔에 관하여

 썩어가는 돼지 내장에 앉아 손을 비비는 파리는
 어제 승리한 작은 일에 기쁨이 벅차오르지만, 표정을 지을 줄 모르는 유전적 기질을 다행으로 여기는 듯
 뜯지도 않은 문학잡지 여름호 봉투에 날아가 앉았다가 눈깔을 돌려 귀퉁이가 닳은 낡은 비평집 저자 사진의 금테 안경 위로 옮겨 가 돼지 비린내를 묻히고 있다

 파리야
 너는 외로움을 모르지만 너는 지금 외로운 것이다
 한 번도 정의를 실행하지 않았지만 너는 언제나 정의로웠으므로

 좀 전까지 내 목의 땟물을 빨면서 앞으로, 뒤로, 왼쪽으로, 오른쪽으로 그 많은 눈깔을 굴리다가
 썩어가는 동태 대가리의 눈동자를 향하여
 일사불란한 비행으로 구더기를 슬러 가는 선택의 치밀함이여

너는 비굴을 모르지만 너는 지금 비굴한 것이다

 파리야, 너는 어떤 기억으로 순간의 쾌락을 미래로 이어왔느냐

새끼 파리와
젊은 파리와
늙은 파리가
병들어 죽어가는 고양이의 감긴 눈꺼풀 위에 앉아 체액을 빨며 손을 비비고 있다

아무래도
너는 비애를 모르지만 너는 지금 크나큰 슬픔에 잠겨가고 있나 보다

 어떤 낡은 비평집의 금테 안경 위로 날아가 돼지 비린내를 옮긴지도 모르고
 희희낙락 날갯짓을 하며

무겁지도 않은 머리를 오른쪽 팔에 비스듬히 받친
 그 잘났다는 어느 신간 시집 시인의 눈동자에 금세 날

아가 앉아
 또, 그 많은 눈깔을 굴려 가며

 손을 비비는
 잇따라 자꾸 비비는
 슬픔에 잠겨
 울고 있는지도 모르고 손을 비비는

 파리야

 오랜 관습의 슬픔이여

이천이십삼년 초겨울 동이 막 틀 즈음

십일월 십육일 새벽 다섯 시 십오 분에
추워진 유리창 밖 문주란은 슬펐다고 생각했다.
병이 들지도 않았으면서 그리움을 부르는 꽃을
피우지 못했기 때문이었을까, 문주란은 창 안을
보고 있었고 창 안의 호접란은 나를 보고 있었고
나는 과거의 어떤 여자처럼 그녀가 내밀어 피운
향기 없는 진분홍 꽃잎의 호접란이, 추워진
문주란을 안쓰러워했다고 믿었고, 이건
참 상관없는 지랄이라고, 그래서 내게
죽은 여치의 울음이 들리는 거라고, 너는
함부로 말하고 싶겠지만, 악귀를 마주치는 것은
이미 낡아빠진 관습에 불과하고, 나도 이제는
일상적으로 견뎌야 하는 일이라는 걸 알지
못하는 게 아니다, 네 말을 수긍하는 면이
없지 않지만, 여전히 나는 화초들의 의지를
귀를 막고 외면할 수가 없다, 네 말처럼 악귀를
만나는 일은 내 지루한 일상이 됐고, 견뎌야만

한다는 마음으로 살아갈 수밖에 없지만,
십일월 십육일 다섯 시 사십 분 꽃을 피우지 못한
창밖의 문주란은 이천이십사년 칠월의 빛과 비를
꿈꿨을 거고, 나는 그를 의심하는 대신
그가 얼어 죽지 않게 창 안 호접란 옆에 들여놓았고,
십일월 십육일 여섯 시 십 분
뉴스를 보던 나는 생각하던 것을 멈추었다,
그리고 나는 이제부터 꿈꾸는 것은
추악한 거라고 중얼거리는 나를 가련하다고 했다.

칼날 위에서 1

 죽은 숲속 검은 나뭇가지 거미줄에 걸려 퍼덕이다가 늘어져 버린
 박각시나방 같은 불행한 정신이시여
 다시 울먹이는 얼굴로 내게 돌아와
 칼날 위에서
 한쪽 다리로 서서 맨발로 피 흘리며 울고 있는 정신이시여.

칼날 위에서 2

정신이시여

눈을 한번 감아보세요, 문주란이 꽃망울을 터트릴 만큼의 소리가

진실의 가슴을 울릴 때

비로소

당신은 당신을 듣는 귀를 가지게 될 것입니다.

칼날 위에서 3

나는
맨 처음 당신을 지지했고 앞으로도 그럴 것입니다.
눈을 한번 감아보세요. 꽃나무가 꽃을 피울 때만큼의 표정이
당신 가슴에 향기를 뿌릴 때
끈적거리는 당신의 상처를 내가 가서 닦아 줄게요.

칼날 위에서 4

겸손을 가장한 비굴한 거미줄에 걸려 몸부림치다가
울먹이며 고백하는 정신이시여
맨발로 피 흘리며
내게 돌아오셔서, 칼날 위에서
울다가 싸늘히 웃으시며 고개를 돌리시는 정신이시여.

바퀴벌레에 관한 단상斷想

저 바퀴벌레는 도대체
어디 숨었다가 기어 나오는지 모르겠어, 라고 나는
작지만 고통스러운 신음을 흘렸다.
광복절에 고층아파트 베란다에 내걸린 욱일기처럼
욱일기를 내다 걸으러 기어 나오는 사내처럼
저 괴물 같은 바퀴벌레는
한 마리에서 소대급으로
소대급에서 중대급으로
텔레비전에서 국회에서 대통령실에서
습하고 어둡고 음식물쓰레기가 넘치는
대한민국 뉴스에서
어둠 속에서
어둠 속에서
아 모르겠어, 라고 말하는 나의
입꼬리에서 끈적한 액체처럼
신음 같은 노랫소리가 흘러내렸다.
　"아무도 모르게 내 속에서 살고 있는 널 죽일 거야."*

"아무도 모르게 내 속에서 살고 있는 널 죽일 거야."
노랫소리가 반복해서 울렸다.
지금 죽이지 않으면 한 마리가 사십만 마리로
그리고 백육십억 마리가 될 거야.
 "정말 난 바보였어. 몰랐었어. 나를 사랑한다고 생각했어.
 내 마음도 널 사랑했기에 내가 가진 전부를 줘버렸어."**
이건 너무 엽기적이잖아, 욱일기처럼
욱일기를 내다 걸으러 기어 나오는 사내처럼
바퀴벌레들이
득시글거리는 텔레비전 뉴스에서
대통령실에서 국회에서
너무, 너무 더러워졌잖아. 화가 나잖아.
 "아무도 모르게 내 속에서 살고 있는 널 죽일 거야."
 "아무도 모르게 내 속에서 살고 있는 널 죽일 거야."

* 서태지 노래 '필승' 중에서
** 서태지 노래 '필승' 중에서

다시 바퀴벌레에 관한 단상

 이천이십사년 십이월 십십일 밤 열시 삼십분 바퀴벌레 괴물이
 텔레비전 밖으로 기어 나왔다
 우리는 때려잡았다

또다시 바퀴벌레에 대한 단상

저놈들은 죽어가면서도 알을 까놓으니까
망치로 한 방에 대가리를 치고 싹싹 비벼서 죽여야 한다.

다시 파리의 슬픔에 관하여

너는
썩은 음식을 찾아서 다시 날아가겠지
날아가 손을 비비겠지

경칩 날
잠이 깨 마당을 나는 파리야

꽃밭에 버려진 고등어 대가리에 아직
알을 슬 힘이 없는 슬픈 파리야

비벼지는 두 손을 내려다보며
다가오는 이 여름도 표정을 지을 줄 모르는
유전적 기질을 다행스럽게 여기며

너도 살고
나도 살자

설교

비가 내리고 있었다. 하느님의 뜻대로 왼쪽에서
친 번개가 왼쪽 날개를 치고, 오른쪽에서
친 번개가 오른쪽 날개를 쳤다. 광화문의 새는
오른쪽으로 돌다가 왼쪽으로 돌다가
광장으로 떨어졌다. 새를 죽여, 소리쳤고
군중들은 돌을 던졌고, 겨울이 왔다.
광장에 눈은 내려 쌓이고
엄마 손을 잡은 유치원생 아이는
새의 온기를 기억한 광장의 쌓인 눈을 밟았고,
중국인이나 일본인이나 베트남인이나
고개를 갸웃거리고, 시코쿠의 긴꼬리원숭이처럼
구경거리가 됐는지도 모르고 목사님은
하느님 뜻으로 새를 죽이라 설교했다.

제3부

목련 단풍

박각시나방의 사랑

벌새가 될 수는 없었지요
내가 날갯짓할 때 마음을 봐 주세요
잘못된 믿음이 아프게 찢어져도 나는 날갯짓을 할래요
내가 벌레였다고 속았다고 하셔도… 벌새가 될 수는 없었어요

안보리 농장에서

밤을 새워
흐르는 개나리 꽃잎
뻐꾸기로세

다시 안보리 농장에서

매화꽃 지네

끓는 오리고기 국물

오입쟁이

뻐꾸기로세

오늘은 왜 비가 내리는가

 집 앞에 너를 데려다주고 이것이 마지막이라고 돌아섰을 때, 네 집 마당 감나무 가지가 흔들렸고, 골붉은 잎이 졌고, 비가 왔다.

 어둑해질 무렵이었는데, 너는 끝내 뒤돌아보지 않았고, 너의 등짝을 바라보고 전봇대처럼 서 있으려 했지만, 옆으로 퍼진 몸과 작은 키가 떠올랐다.

 친구들과 고구마 농사를 지으며, 고구마 순을 심었고, 고구마 순을 꺾어서 나물도 해 먹고, 고구마 순을 뒤집고, 흙 속의 고구마를 캤다.

 나는 어디에서 헤매다가 눈을 감아 버리고 여기 서 있는가,

 빌어먹을 굴욕의 줄기가 덩이덩이 뽑혀 나오는 심장 속 지랄 같은 네 등짝은 미련하게 버티고만 있는데

 오늘은 왜 비가 내리는가,

 흙 묻은 고구마 순 잎이 감나무 잎도 아닌데

 전봇대처럼 두고두고 서 있고 싶었던 너의 집 대문 앞도 아닌데.

숫눈길

 그녀가 나를 내려놓고 자동차를 돌렸을 때 골목길 안전등 불빛이 켜졌고 나는 손을 흔들어 줬고, 오늘은 비가 온다는데 조심해 가라고 속으로 중얼거렸다.

 내장이 빠져나간 빛깔은 목련, 라일락, 감, 참다래, 산수유 나뭇잎에 빛났고, 아직은 가을이군, 젠장 이놈의 흰 진돗개는 주인을 몰라보고 짓는담,

 한 거 같은데,

 그녀가 무사히 잘 들어왔다고 전화했을 때 나는 소파에서 잠이 깼고 창밖에 가을비인지 겨울비인지 추적추적 내린다는 걸 알았다.

 나무들에게도 창자가 있다면 이 시간에는 새 나온 빛깔이 젖지 않을 수 없을 거라고 중얼거리다가, 진눈깨비가 오다가 첫눈이 펑펑 내리는지 모르는 채 술을 마시다가,

>

 마당을 나섰는데, 지갑을 들고 외투를 걸쳐 입고 마당을 나섰는데
 숫눈길, 숫눈길,

 "십이월 홍어 한 점을 씹으면 입안에서 숫눈길 밟는 뽀드득 소리가 난당께요."
 라는 흑산도 어부의 말에, 아가, 아가 넌 언제 이런 좋은 시를 쓸라냐, 라시던 스승의 성긋한 웃음이 떨어져 밟히는,

 숫눈길, 숫눈길,

 목포시에 오랜만에 눈이 왔을 때 퍽퍽 눈이 쌓인 어둑한 새벽에 모주를 마시러 스승과 나는 숫눈길을 걸었었지.

 내가 찍어 놓은 발자국, 내가 다시 밟으며 돌아오는 서울시 강서구의 숫눈길

 스승께서는 인천시 별빛당에 계시고 나는 강서구 화곡

동에 있고 캔맥주를 사 들고 돌아오는 신발에 질척이는 물이 스며오고

 주인 모르고 짖는 흰 개에게 소리를 지르는 나의 맘에는 홍어를 씹는 뽀드득 소리가 나고….

거울과 얼굴

거울은 그에게 출근하는 새벽에 머리카락을
빗어넘기기 위해 비춰주는 유용한 도구일 뿐
한때 직장을 잃은 그가 제 얼굴을 애처롭게
바라봤을 때 거울은, 가엾은 소시민이군,
힘을 내 보시게, 라는 서비스를 잊지 않았지만
거울은 그에게 출근하는 새벽에 그저
단정해 보이게 비춰주는 유용한 도구일 뿐
페이지를 넘기지 못한 낡은 정치경제 교과서에
그은 밑줄이 희미해져 가고, 낡은 일기장의
희미해져 가는 글자로부터 멀어져 버린 그에게
다 지워져 버리면 덜 괴로울 거야, 말을 하지만
그는 울음소리를 참아내느라 몸이 흔들리고
있는지도 모르는 채 새로운 직장의 출근을 위해
무표정한 얼굴을 만드는 것이 절실할 뿐
눈썹이, 눈두덩이, 코가, 입술이 평면으로
지워져 가고 있다는 거를 친절한 거울은
서비스 정신을 잊지 않고 알려 주지만

거울은 그에게 출근하는 새벽에 머리카락을
빗어 넘기기 위해 비춰주는 유용한 도구일 뿐

이십사 시간 해장국집

선지해장국이 끓고, 순대에 흰 김이 오르고
열리지 않는 냉장고에 막걸리는 춥고
이건 참 코로나 때보다도 더 심하잖아,
행주로 식탁을 닦으며 웃는 표정을 연습하는
선술집 주인 앞에서, 십일월 폭설이 내리는
거리를 내다보며 아스팔트도 잠드는 밤에
웃는 표정을 짓다가, 손님이 없어도 너무 없군,
한탄하는 선술집 주인 앞에서, 당신은
가난은 추락으로서 경건하다고 말할 수 있는가.
놀라지 말고 눈이 내리는 빌딩 숲을 보라고
돼지 비린내가 나는 입을 열어 냄새 풍길 수 있는가.
지난밤 비바람에 가로수 잎들이 다 떨어지고
새벽부터 오는 눈이 쌓여 가로등 불빛에
눈꽃을 피워낸 나무들을 보면서
절로 나오는 한숨을 내쉬다가, 아름답군,
감탄사를 내어 뱉는 선술집 주인 앞에서
선지해장국 한 그릇 시켜놓고 날이 샐 때까지

시를 쓴다고 소주에 절은 혓바닥을 놀리며
행복한 마음으로 날이 새는 눈의 거리를 보라고
가난은 가난으로서 경건해요, 성공할 겁니다
돼지 비린내 나는 입을 열어 냄샐 풍길 수 있는가.

목련 단풍

아들아,
네가 다섯 살 때였지.

바람 찬 목련 나무 밑에서 후다닥 뛰어와 서서는
아빠! 가을인가 봐.
낙엽이 뚝뚝 떨어져!

놀란 네 눈동자에서 쏟아져 내리던 단풍색 눈빛이
아비 마음에도
뚝, 뚝 떨어졌다.

아들아.

단풍 드는 십일월이 오면
너의 눈에서 쏟아져 내리던 나뭇잎 빛깔에
나의 마음은 물이 들고

\>
그날 그때 마당의
목련 나무,
라일락 나무와 함께
너는 다섯 살
아비는 서른여섯 살,

아직도
네 마음에서 출렁이던 단풍이
뚝, 뚝 떨어져
아비 눈은
고운 색에 물들고,

너는 다섯 살
아비는 서른여섯 살
너는 다섯 살
아비는 서른여섯 살….

벽에 걸린 심장

 내가 끓인 육개장이 맛이 없어서 내 앞에서 먹고
 돌아서서는 버리는 아들아 딸아, 식은 육개장에 숟가락을
 넣는 나는 올라오는 섭섭함과 설움 대신 너희들이 준
 지난날의 기억에 뇌수는 기쁨에 젖었다. 아들아 딸아, 아비는
 오늘부터 심장을 벽에 걸어놓는다. 벽에 귀를 대 보아라.
 출근한 아비의 심장은 맛이 없던 육개장처럼 벽에서 끓고
 무표정한 회사원이 돼 굴욕을 양식으로 바꿔 올 것이다.
 버려지는 국물과 같이 멋없어져 살아가는 늙은 아비는
 수군거리는 낯선 표정들을 견디는 줄도 모르게 넘겨 가며
 너희들 미래를 빌어 줄 거다. 내가 없게 되는 조금 먼
 날일 것이다. 벽에 귀를 대 보아라. 너희들이 준 지난날

기억에 뇌수는 기쁨에 적셔져 심장은 벽에서 뛰고
 아비는 틀림없이 너희들 곁에서 그날처럼 끓고 있을 것이다.

문둥이북춤
−안동국제탈춤페스티벌 고성오광대문둥이북춤을 보고

나는 쫓겨 가던 문둥이었다
귀 없고 코 없고 눈썹 없어서
발가락 묻힌 무덤 앞에 둘러서
마주 보고 웃다가 춤을 추었다
어떤 문둥이는 북채를 잡으려다가
떨어트려 웃고 어떤 문둥이는
북을 떨어트리고 울다 춤을 췄다
얼굴 없는 나는 문둥이었다
귀 없고 코 없고 눈썹 없어서
한 문둥이가 북채를 들면 다른
문둥이들도 울고 한 문둥이가 웃으면
서로 좋아 깔깔대며 춤을 추었다
집 잃고 마누라 잃고 새끼 잃고
귀도 없고 코도 없고 눈썹도 없고
무덤 속에 발가락을 묻다가
웃으며 비틀비틀 춤을 추었다

제4부

황등이모님

막내외숙모

막내외삼촌은 울 어머니의 막내동생이고
나는 울 어머니의 막내아들이다
울 어머니는 속눈썹 숱이 많고 검고 길었는데 막내외삼촌은
울 어머니를 닮았고 나는 막내외삼촌을 닮았다고 한다
막내외삼촌이 교통사고로 일찍 세상을 떠나서 나는
막내외삼촌을 못 봤는데
막내외숙모는 나만 보면
내가 막내외삼촌을 닮았다고 하면서 울었다

정릉외숙모

청춘과부가 된 정릉 외숙모는 담배를 피우면
불이 꺼지기 전에 이어서 피우고 또 피우곤 했는데
아들이 딱 한 분이 있었고, 그 아들이 아기 때 익산시
황등에서 서울시 정릉에 와 살았는데 어느날인가
아들이 다 크고 장가도 가고 자식도 낳고 했을 때
정릉 외숙모는
시누 동생 울 엄마를 만나 공항동으로 이사를 오셨다.
직업을 잃고 술만 마시다가 사람도 못 알아보고
천정을 보고 소리를 치곤 하던 외숙모의 단독자
내 외사촌 형님이 폐인이 돼 당신 어머님
돌아가신 줄도 몰랐던 마음 아픈 날이 있었다.
정릉 외숙모님이 돌아가시기 이틀 전에
내게 열 달 산모처럼 부푼 푸르딩딩한 배를
보여 주시며 오른쪽 어깨가 몹시 아프다고 하시고
내 손을 잡고 힘없이 웃으시는 외숙모님의 눈에서
질척한 눈물이 고였다가 흘러내리는 걸 봤다.
황등에서 정릉으로 정릉에서 공항동으로 오셔서

손녀 셋 뒤에 막둥이 손자를 보았을 때
가지런한 치아의 금니 하나가 행복하게 반짝였는데
외숙모님 나는 당신께 무엇을 잘못했는지
겨울밤 알전구 아래에 동백나무 화분에
파랗게 빛나는 동백잎이 흔들리는 날이면
꿈자리에서 정릉 외숙모님을 만나서 울곤 한다.

진주 강씨 외할머니

외할머니는 그립다
무담씨 그립다
외할머니는 나의 시녀
나는 왕
울 엄마는 진주 강씨 외할머니 막내딸 동래 정씨
나는 동래 정씨 울 엄마 막내아들 연안 이씨
나는 진주 강씨 외할머니 막내 외손자 연안 이씨
외할머니는 보고 싶다
무담씨 보고 싶다

황등이모님

황등이모는 눈썹이 짙고 속눈썹도 길고
쌍꺼풀도 있고 눈동자가 참 까맸는데
사나워서 싸낙배기 이모라고도 했는데
엄마가 어린 나를 황등에 맡겨놓고 가면
나는
이모 막내아들 순권이 형을 밀치고 이모 젖꼭지를
만지며 자다가 눈이 많이 온 아침에는 마당에
발이 푹푹 빠지고, 집토끼 풀어 놓고 산토끼 잡자고
날 놀래키던 사촌 누이 형들,
순옥이 누나, 순석이, 순호, 순권이 형
이종사촌 형제들과 뛰놀던 황등이모 집 마당이
참말로 그립다. 황등이모님이 돌아가시고 한참
지나서 당신 엄마 보고 싶다고 머리 센, 황등이모
셋째 아들 순호 형이 울 엄마 옆에서 자고 간 적이
있었다. 몹쓸 병에 걸린 늙어가는 나는
이젠 엄마도 없고 엄마 대신 보러 갈 이모도 없고
돌아가신 엄마 그리워 베개를 꽉 끌어안고

잠이 들면 전라북도 익산시 황등삼거리 황등이모
집, 이모님 젖꼭지를 만지다 깨어나
쌓인 눈에 발목이 푹푹 빠졌다. 이모와 꼭 닮은 엄마는
나를 맡기고 서울로 사라졌던 바람 찬 겨울 아침
꿈속의 어린 나는 그때 울지 않았고
늙어가는 나는 지금 깨어나 자꾸 눈물이 흐른다.

함열이모님

함열이모님은 청춘과부였다가
재혼하셨다가 다시 청춘과부가
되셨다 하는데, 황등에서 함열로 간
어린 나를 함열이모님이
꼭 끌어안아 주었을 때
울 엄마 머리카락처럼 숱 많은 함열이모님
냄새가 좋았다.
함열 그 어느 동산 동산을 다니며
싸리버섯, 능이버섯, 느타리버섯, 표고버섯을
이모님의 버섯 자루에 따 넣었었는데,
날 보시고 웃으시던 함열이모님도
엄마와 똑같은 옥니,
싸리버섯, 능이버섯, 느타리버섯, 표고버섯과 함께
장닭을 잡아 털을 뽑고 삶아 놓고
다리를 쭉 찢어서 주시던 이모님이
느닷없이 그리운 여름밤 오늘은
이모님께 나도 닭을 잡아 드리고 싶은데

이모님께서 돌아가신 지 삼십 년
가위가 눌려서 자꾸만 잠이 깬다.

동래 정씨 외가

 어머님 돌아가시고 두 번째 날에는 손님을 모시느라 나도 취해 버렸는데, 동래 정씨 외사촌 광모 형이 내게 울 어머님이 소녀 적, 젊은 소작인 각시를 소작료 대신 빼앗아 와 첩을 삼은 악덕 지주를 규탄하던 좌익이었다고, 나의 엄마가 해방 후 이북으로 넘어가려던 걸 큰외삼촌이 가서 잡아 오셨다고, 그래서 시집을 늦게 우리 아버지 후처로 오게 된 것이라고, 나의 진주 강씨 외할머니가 한숨을 폭폭 내쉬면서 당신 막내딸 이야기를 하셨다고, 나는 어머님 영정을 올려다보며 육이오 사변 이후 울 아버지의 아들 셋을 낳고, 딸 둘을 낳고, 나까지 낳고, 배 아파 낳지 않은 누님 셋까지 가슴으로 낳고 아홉 남매를 길러놓으신 우리 엄마 황등 동래 정씨 외가 이야기를 들으며, 술에 취한 외사촌 광모 형과 날 내려다보시며 웃으시는 어머님 영정 앞에서 나는 연안 이씨냐 동래 정씨냐, 어머님은 동래 정씨냐 진주 강씨냐, 양반이 뭐냐 좌익이 뭐냐, 동래 정씨 울 어머니 영정 앞에서.

흰제비꽃
―어머님 무덤 앞에서

 죄 많은 제 심장에다가 여섯 개 구멍을 뚫으시고는
 식어가는 염통에 따듯한 입김을 불어 넣어 주시는 어머님이시여
 두 눈알 붉게 지지는 노을 물드는 푸른 묏등 위
 꽃잎을 흔드시는 당신의 다순 숨소리가 불어옵니다
 아홉 발가락, 아홉 손가락, 아홉 자식 대바늘에 털실을 꿰어
 배곯은 빈속에다가 슬픈 수를 놓아 가시며
 밀가루를 이고, 연탄을 꿰어 들고, 얼어붙는 고무신짝 끌고
 지레 걸음 눈길을 걸어오시어 물 끓여 수제비 뜨며 하늘 보시며
눈물 말라서 눈동자 붉어지시던 어머님 미소가
 제 심장에다가 여섯 개 구멍을 뚫으시고 피리를 부십니다
 제 눈에서는 뜨거운 수제비 국물이 흘러내리고
 흰제비꽃 꽃잎 흔드는 피리 소리가 울려 퍼집니다

어머님이시여 달빛에 눈물 말라 붉어지던 어머님 미소시여

해설/임동확

해설

별리別離의 정한에서 귀소성鬼笑性의 세계로
―이규배 시인 제5시집 『삼십 년』에 부쳐

임동확(시인)

 이규배 시인의 시 속에는 '별리別離'의 정서가 흐른다. 살아가는 동안 피할 수 없는 원치 않는 생이별 또는 자신과의 불가역적 헤어짐에서 오는 '단장斷腸'의 슬픔이 근본으로 작용하고 있다. 누군가를 부르며 처절하게 비탄하는 초혼의식招魂儀式, 죽은 혼을 다시 지상으로 불러들이려는 애절한 소망의 고복의식皐復儀式이 들어 있다. 특히 그의 시들은 생이별하거나 사별死別한 대상과의 재회를 기약할 수 없다는 점에서 김소월이 일찍이 보여준 바 있는 정한情恨의 시적 전통을 잇고 있다. 공통적으로 그들 사이엔 어떤 식으로든 한때 한국인의 보편적이고 원초적인 심상으로 받아들여지곤 했던 '별리'의 정서가 밑바탕에 흐르고 있다.
 이번 시집에서 곧장 눈에 띠는 '나비'가 그 증거다. 일반적으로 '나비'는 몇 차례의 탈바꿈을 거쳐 성체가 되기에

보통의 경우 재생과 부활을 상징한다. 하지만 이와 달리, 그의 시에서 "못다 보았던 얼굴들 보고 싶어" 현세에 "찾아"온 "호랑나비"는, 그 "사연"을 "전하지 못한" 채 "불솥 더위 속"에서 "그만" "죽어 버리고 만"(「올리브 나무와 호랑나비」)다. 또한 "박각시나방"의 경우, "죽은 숲속 검은 나뭇가지 거미줄에 걸려 퍼덕이다가" 마침내 "늘어져 버린"(「칼날 위에서 1」)다. 어떤 식으로든 시작된 이별과 간극과 단절의 심연을 메꾸는 게 불가능함을 보여주고 있는 게 그의 '나비'다

 그래서일까. 견우와 직녀가 일 년에 단 한 번 오작교에서 만난다는 전설을 갖고 있는 "칠석날"이라면, 의당 그날 하루만이라도 온갖 "미움"을 털어내고 옛 "상처에 새살이 돋"는 '길일吉日'이어야 마땅하다. 하지만 '나'는 "회색 시멘트 바닥"에 잘못 나온 "지렁이"를 다시 "꽃밭"으로 되돌아가도록 도와주다가 무기력하게 "넌 좋겠다"라고 탄식한다. 그러면서 그 지렁이와 달리 돌아갈 곳 모르는 '나'는 그저 홀로 거듭 제 "가슴"을 "쓸"(「칠월칠석날」)어 내리고 있을 뿐이다.

 누군가를 향한 간절한 그의 애절한 부름[Rufen]은 여기에서 시작된다. 반복적으로 등장하는 호격을 통해, 그는 치유될 길이 없는 세계와의 단절을 절감하면서도 그 단절을 단절로 받아들이기를 거부하고자 한다. 특히 그림으로써 스스로의 다짐과 맹세에도 불구하고 아직 성취하지 못한 것 사이에서 벌어지는 갈등과 혼란을 인내하고자 한

다. 스스로가 그토록 애타게 기다리는 대상 자체를 먼 것으로 멀리 세움으로써, 그 먼 것을 한층 더 가까이 그리워하도록 만드는 것이 호격이다.

아홉 마리
새끼 낳고 어미 개가 죽었다
새끼들 핥아가며 마른 젖 물린 아비 개
젖꼭지야 젖꼭지야,
낮달이 뜬다.

- 「낮달-사회복지에 대해」 전문

여기서 중요한 것은, "아홉 마리/새끼"를 낳고 죽은 "어미 개"를 대신하여 "젖"이 나올 리 없는 "마른 젖 물린" 채 누워있는 수컷 "아비 개"의 안타까운 심사만이 아니다. 또한 어떤 방법이나 수단으로도 대체할 수 없는 모성에 대한 그리움이나 어미젖을 먹이지 못하는 자의 말 못할 고통만도 아니다. 죽은 "어미 개"를 대신하는 "아비 개"의 참혹한 모성적 슬픔과 고통을 환기하기 위해 굳이 두 차례나 "젖꼭지야"를 반복하고 있다는 점이다. 특히 그러면서 필설로 다 할 수 없는 처연한 심사를 더욱 배가시키는 효과를 낳고 있다는 점이라고 할 수 있다.

다시 말해, 자칫 시적 긴장을 느슨하게 만들기 마련인 그의 자탄 어린 호명은 단지 그의 절절한 울한鬱恨이나 복잡한 심사를 호소하거나 손쉽게 해소하려는 데 그치지 않는다. 오히려 그런 참담함과 고통 그 자체를 마치 무심히 하늘에 떠 있는 "낮달"처럼 초연하게 만들되, 그럴수록 더욱 가까이 다가서도록 만드는 효과로 이어진다. 어떤 결핍이나 부재를 그 자체로 놓아두되 마치 제도화된 현실의 "사회복지" 제도처럼 현존하게 만든다. 여전히 그 과정 자체가 고통이고 아픔이며 비탄이라고 할지라도, 여기 부재한 것들을 불러 모으려는 움직임이 잦은 '호명' 내지 '호격'을 낳는 셈이다.

그렇듯 이러한 반복된 '호명'은 스스로 각오한 것과 그럼에도 영원히 치유할 길 없는 상실감 사이에서 벌어지는 마음의 혼란을 필사적으로 견뎌내고 참아냄을 의미한다. 뭔가를 끊임없이 부름을 통해 '다시 만날 수도, 말할 수도 없는' 별리의 아픔에서 오는 숙명적 슬픔을 극복하고자 한다. 결코 포기할 수도, 그러나 극복할 수도 없는 비극의 심연 앞에서 자신의 극단적인 심정을 내비치는 비장미야말로 그의 시 세계가 갖는 또 하나의 특징이다.

죽은 숲속 검은 나뭇가지 거미줄에 걸려 퍼덕이다가 늘어져 버린
박각시나방 같은 불행한 정신이시여
다시 울먹이는 얼굴로 내게 돌아와
칼날 위에서
한쪽 다리로 서서 맨발로 피 흘리며 울고 있는 정신이시여.

-「칼날 위에서 1」 전문

검손을 가장한 비굴한 거미줄에 걸려 몸부림치다가
울먹이며 고백하는 <u>정신이시어</u>
맨발로 피 흘리며
내게 돌아오서서, 칼날 위에서
울다가 싸늘히 웃으시며 고개를 돌리시는 <u>정신이시어.</u>

-「칼날 위에서 4」전문 (밑줄 필자)

 우선 여기서 "정신"은 일단 "거미줄에 걸려 파닥이다가" 끝내 죽은 "박각시나방" 같은 불행의 사슬에서 풀려나 '칼날'처럼 냉혹한 현실과 맞대면하고자 의지를 나타낸다. 불가항력적인 비극의 마취에서 깨어나고자 "한쪽 다리로 서서 맨발로 피 흘"린 채 "울고 있는" "정신"은, 일단 자신에게 닥친 비극을 논리적으로 판단하거나 이해해 보려는 이성적 고투에 가깝다. "검손을 가장한 비굴"의 덫에 걸려 허둥대는 현실적이고 구체적인 삶의 난관을 돌파하기 위해 필연적으로 요청되는 것의 하나가 "정신"이다.

 하지만 한편으로 그 "정신"은 '나'의 마음속 타자로서 이성에 가까운 정신[sprit, Geist]보다 깊은 마음속 움직임으로 심혼[soul, Seele]에 더 가깝다. 그러니까 "맨발로 피흘리"다가 "울먹이며 고백하"거나 냉혹한 현실의 "칼날 위에서/울다가 싸늘히 웃으시며 고개를 돌리시는 정신"은 보이지 않거나 쉽게 인식되지 않는 무의식적 심혼의 움직임을 나타낸다. 그리고 그럼으로써 "정신이시여"의 반복된 호명은, 단지 의식적이고 현실 차원에서 어떤 누군가를 애타게 부르는 것이 아니라 미처 저 자신도 모르는 심혼의 목소리에서 나온다고 할 수 있다.

 그런 까닭일까. 가만 귀를 기울이면, 그의 시들 행간에선 "우는지도 모르고 울고 있는"자의 울음이 "가을비"처럼 "후두두둑"(「비의 귀」) 거린다. 혹은 어느 "조용한" "봄날"의 "저녁" 무렵, 행여 "미워하"거나 "사무치는 마음"조차 "늙어버린"(「30년」)자의 숨죽인 목소리의 호곡號哭이 문득 가는 발길을 붙든다. 어디 그뿐인가. 조선조 영조 초기 명창 송흥록宋興祿이 진주 촉성루에서 판소리 춘향가의 한 대목인 「옥중가」를 부르는 순간, 갑자기 불어온 바람에 수십 대의 촛불이 꺼지면서 들렸다는 그 귀곡성鬼哭聲이 은은히 나는 듯도 하다.

눈이 폭폭 내리던 그해 겨울은
하늘 끝에서 죽은 나비가 쏟아지는 줄 알았다.
목구멍에 걸렸다가 심장을 울리며
창자로 쏟아져 내리던 흰 슬픔이
우주의 끝까지 가서 흑흑 저 혼자 울다가
배꼽 속까지 쏟아져 날리는 줄 알았다.

- 「눈물나비」 전문

 여기서 누구도 "하늘"에서 내리던 "눈"이 마치 "죽은 나비"처럼 느껴지던 "그해 겨울"의 사건이 무엇인지 알 수 없다. 다만 그때 벌어진 그 어떤 사태로 인해 주인공이 "목구멍에 걸렸다가 심장을 울"렸다가 급기야 "창자로 쏟아져 내리"는 듯한 심한 충격에 휩싸였다는 사실만은 확실하다. 그러다가 "우주 끝까지 가서 흑흑 저 혼자" 울다가 그만 그 울음이 "배꼽 속까지 쏟아져 날리는" 듯한 극한의 고통이나 슬픔에 이른 이의 심정을 막연히 짐작해 볼 따름이다. 나아가, 마침내 자신의 신체적 통제를 넘어 "하늘" 또는 "우주"까지 관통하는 비탄의 울음소리에 그저 감염된 채 당혹스러운 감정을 추슬러 볼 뿐이다.

그러나 그 무엇이 그로 하여금 이처럼 처절하고 귀기鬼氣 어린 통곡을 불러왔단 말인가. 그의 시집으로 살펴볼 때, 가장 직접적인 원인은 자신의 환부를 도려내기 위해 "창자를 잘라"내는 수술을 거쳐야 했던 병고病苦다. 특히 생사를 넘나드는 절제수술 후 그 누구의 도움도 없이 홀로 "짐"을 챙겨 퇴원하면서 "절망의 기차 바퀴" 아래 깔린 "레일"의 "침목"에 "드러누워 버려진" 것 같은 처절한 고립감과 외로움이다. 그로 인해 누군가를 "떠"나 보낸 "기억"을 미처 떨쳐내지 못한 그는, 그의 "가슴" 속을 "시속 삼백 킬로미터의 속도로 갈고"(「퇴원」) 가는 듯한 아픔을 느낀다. 육체적이고 구체적인 병듦과 더불어 그로 인한 상실감과 고립감이 이승의 하늘을 덮고 저승의 땅속까지 울리는 그의 속울음을 불러낸 셈이다.

그의 '심장'은 이러한 통절한 슬픔과 일말의 기쁨이 함께 모여드는 저수지이다. 태초에 "어머님"이 "생명의 입김을 불어넣"으면서 뛰기 시작한 그의 "심장"(「흰제 비꽃—어머님 무덤 앞에서」)은, 불행하게도 "빌어먹을 굴욕의 줄기가 덩이덩이 뽑혀 나오는"(「오늘은 왜 비가 내리는가」) 시작점이다. 하지만 동시에 다행히도 그 '심장'은 그런 "굴욕"마저 일용할 "양식으로 바꿔"오는 숭고한 거점이자 때로 무감한 "벽에서"조차 뛸 만큼의 "기쁨"(「벽에 걸린 심장」)의 발원지이자 귀착점이기도 하다.

행진할 것이다.

병든 대추나무 가지에 목을 매달은
붉은 장미꽃에게
시월에는

눈물을 닦고 가슴속 심장을 바치자

꽃잎의 중심으로 집중했던
낡아빠진 눈물일랑은
쓰윽, 손등으로 문지르고
펄펄 끓는 붉은 심장을 바치러

나는 행진할 것이다.

—「어떤 염세주의자의 결심」 전문

일종의 '염세주의자'인 "나"에게 "심장"은, 마치 "붉은 장미"가 "병든 대추나무 가지에 목을 매달은" 것 같은 실존적 비장감과 생의 처절함으로 인한 "눈물"이 분비되는 거점이다. 특히 온갖 상처의 현상화로서 "꽃잎의 중심"에 "집중"할수록 그 심장의 비극은 배가될 수밖에 없다. 하지만 동시에 세상에 대한 끝없는 회의와 비관을 부르는 '염세'는 "낡아빠진 눈물"을 정직하게 대면하거나 떠맡는 선구적 결단을 통해, 새로운 삶의 "행진"을 준비하는 전진기지가 된다. 행여 시들어 가는 장미꽃 같은 생의 염세나 괴로움을 자기화하는 게 "펄펄 끓은 붉은 심장"이라고 할 수 있다.

 이번 시집의 대표작이라고 할 수 있는 시「격렬비열도 가는 길」은 이러한 '심장'의 울음 또는 울림에서 터져 나온 절창이다.

그 섬이 거기 있다는 말을 들었을 때
나는 그 섬으로 가 죽고 싶었다.

젊음은 슬픈 이념과 격렬激烈하게 울다가
순결한 것도 아니고
타락한 것도 아닌 세상 속에서
갈매기 울음이 얼음 가루 같은 햇살에
흩어져 가라앉는 노을 지는 섬 푸른 물결, 거기

젊은 내 이름을 지워버리고 싶었다.

슬픔의 열도熱度
격렬비열도,
격렬비열,
격렬비열,
격렬비열도.

섬은 밤마다 나를 부르고
나는 밤마다 그 섬으로 가 죽고 싶었고
소리쳐 뉘우쳐도 돌이킬 수 없었던 비겁함은
밤바다에 쏟아지는 별빛보다 많았다.
뻔뻔한 하늘 아래 뻔뻔한 줄 몰랐던 청춘,
서둘러 날아가는 갈매기처럼
도망치고 말았던 충청남도 태안 신진항에서
격렬비열도로 나는 가고
<u>뱃고동처럼 뛰던 젊은 심장은</u>
핏빛으로 끓으며 펄펄 겨울 바닷속으로
가라앉고 있었다.

내가 나를 속이고 만 청춘의 섬
바보가 돼서 이제 나는 울지도 못하는가.

아직도 끓는 붉은 가슴에 박혀 떨고 있는

치욕의 화살이여.

격렬비格列飛, 격렬비 열도列島여.

내가 나를 속이고 등을 돌렸던 참혹했던 젊은 날들이여!

격렬비, 열도여 날아서 오르라

날아서 오르라, 격렬비, 격렬비 열도여!

- 「격렬비열도 가는 길」 전문(밑줄 필자)

 문득 '일정한 간격으로 나는 듯 줄지어 있는' 형세에서 착안했을 '격렬비열도'라는 '섬' 이름을 듣는 순간, "나"는 "그 섬으로 가 죽고 싶"다는 생각에 잠긴다. 하지만 동시에 그 본래 이름의 의미와 상관없이 '격렬'이라는 말에서 "슬픈 이념과 격렬激烈하게" 싸우며 웃고 "울"었던 가슴 뜨거운 "젊음"의 시절을 떠올린다. 또한 '열도列島'라는 낱말에서 비록 무모함과 좌절의 연속이었으나마 그 속에서도 간직할 수 있었던 "슬픔의 열도熱度", 곧 "뱃고동처럼 뛰던 젊은 심장"의 시절을 추억한다. 어디 그뿐이랴! "비열飛列"이라는 단어 속에서 아무리 "소리쳐도 돌이킬 수 없었던" "나"의 "비겁함", 결국 "내가 나를 속이고 만 청춘"의 한때 "비열卑劣"을 연상한다.

 이처럼 자신의 과거를 부인하거나 지우기 위해 섬에서 죽고 싶었다고 말하고 있지만, "아직도 끓는 붉은 가슴"

에 일정한 간격을 유지한 채 "치욕의 화살"이 "박혀 떨고 있는" 중이다. 하지만 비록 "바보가 돼서" 제대로 "울지도 못하"고 있는 와중이나마 "참혹했던 젊은 날들"을 뒤로 한 채 "격렬"하게 "날아" "오르고"자 하는 생의 의지가 드러나고 있다. 여전히 즐거움만이 아닌 복잡다단한 감정 속에서도 "뻔뻔한 하늘 아래 뻔뻔할 줄 몰랐던" "순결"한 "청춘"의 시절에 대한 근원적 확인이 투사 되어 있는 게 '격렬비열도'라는 섬의 이름이다.

과연 그렇다면 그 '삼십 년' 동안 도대체 그에게 무슨 일들이 일어났을 것이며, 또 그로 인해 얼마나 많은 희로애락이 교차해 갔을 것인가? 다행히도 그 기간 동안 단지 불행한 사건만이 있었던 것은 아니다. 그중의 하나가 그의 나이 "서른여섯 살" 되던 해, 당시 "다섯 살" "아들"과의 추억이다. 그는 가을날 "목련 나무"에서 "낙엽"이 떨어지는 것을 보면서 황급히 달려와 "아빠! 가을인가 봐"라고 말했을 때 순간적으로 "아들"의 "눈빛"과 자신의 "눈"에 비친 "고운" "단풍빛"(「목련 단풍」)을, 곧 생의 빛나는 한 시절의 소중한 자산으로 간직하고 있다.

그럼에도 불구하고 그 "삼십 년" 동안 "어린 나"를 "꼭 끌어안아 주었"던 기억이 선명한, 한때 "엄마"처럼 "숱 많은" "머리카락"을 가졌던 "함열이모님"(「함열 이모님」)은 불귀의 객이 되었다. 무엇보다도 "해방 후" 월북하려다 "큰외삼촌"이 제지해 "늦게" 결혼해 모진 가난 속에서도 "아홉 남매"를 넉넉히 건사했던 그의 "어머님"이

"돌아 가시"(「동래 정씨 외가」)는 슬픔을 맛보아야 했다. 그런가 하면 그동안 어쩌면 매우 사소할 수도 있지만 2023년 "십일월 십육일 새벽 다섯 시 십오 분" 초겨울 "유리창 밖 문주란"이 "슬펐다고 생각"하거나 그 "창밖의 문주란"이 "이천이십사년 칠월의 빛과 비를 꿈"을 "꿨을 거"라는 이상한 "생각"(「이천이십삼년 초겨울 동이 막 틀 즈음」)에 잠기기도 했다.

그런데도 여전히 굳이 시집 제목을 '삽십 년'으로 한 곡절이 궁금하다. 도대체 이규배 시인에게 그 삼십여 년의 세월 동안 무슨 사건이 일어났으며, 과연 무엇이 그토록 그를 때로 즐겁게 또는 괴롭게 한 것일까?

삼십 년 전이었다

사람을 가리어 만나라고
그는 내게 말했다

대답 대신 나는 그를
만나지 않기로 했다

삼십 년이 지났다

그는 건강했고 유명해졌고
자랑스러워했고

나는 병들었고 가난해졌다

나는 후회하지 않았다

-「삼십 년」 전문

 여기서 보면, "삼십 년" 동안 일어난 매우 중요한 사건 가운데 하나가 "사람을 가리어 만나라"고 한 누군가의 충고다. 하지만 "나"는 그에 대한 "대답 대신" 도리어 "그를/만나지 않기로" 결심한다. 문제는 그가 무엇 때문에 "그"의 선의의 충고를 거부해야 했던가. 그에 대한 전말이나 전후 사정을 알 수 없다. 한 가지 분명한 것은, 그로부터 "삼십 년이 지"난 후 "병들"고 "가난해"진 "나"와 달리, "그는 건강"하고 더욱 "유명"해졌다는 점이다. 무엇보다도 필시 그 때문에 그의 생의 고난이 가중되었을 것으로 짐작되며, 그의 인생에 있어 커다란 변곡점이 되었던 것만은 분명하다. 그럼에도 차마 말로 드러내지 못한 그 사건의 성패에 상관없이 "나는 후회하지 않았다"라고 매우 고집스레 말한다.

 그 과정이나 결과야 어떻든지 지난 세월 동안 굴곡진 그의 삶에서 오는 깊은 한恨과 짙은 '그늘' 속에서 성스러운 '흰빛', 즉 "내장이 빠져나간" 듯한 "목련" 위에 내리는 "첫눈"(「숫눈길」) 같은 그의 '흰 그늘'(김지하)의 미학은 여기에서 탄생한다. 그는 "몹쓸 병의 불안이 속삭여 오"는 가운데서도 "돼지 창자"의 "비릿하고 구수한/냄새"와 함께 "눅지근하게 퍼지"는 "흰 김"(「영광 버스터미널 순댓국집」) 같은 영적 비약의 세계를 체험한다. 마치 "식어가는 염통에 따뜻한 입김을 불어 넣어 주시는 어머님"처럼 모든 것을 감싸면서 비호받는 가운데 "흰제비꽃 꽃잎 흔드는 피리 소리"처럼 환히 "울려 퍼"(「흰제비꽃-어머님 무덤 앞에서」)지는 음조[Ton]와 같은 게 그의 시에 나타나는 '흰 그늘'이다.

냉소 속을 헤매 흐르던
혼란의 응결

능선을 타고 오르는
환각의 결정

물소리 쟁쟁한 골짝,

기슭을 타고 걸어 오르는

흰 소의 검은 눈망울에 맺힌

저

꽃!

―「저 꽃」전문

얼핏 '노인헌화가'를 연상시키는 위 시에서 "저//꽃"은 무엇을 의미한다고 할 수 없는 지시사[dexis] "저"가 보여주듯이 명시적이지 않다. 다만 막연하게나마 뭔가를, 어떤 시-공간적 상황을 가리키거나 거기에 관여하고 있다. 그럼에도 이 지시사가 "꽃"과 결합하여 시각적 거리감을 제공하면서 마치 "냉소 속을 헤매 흐르던/혼란의 응결" 또는 "환각의 결정"으로서 "꽃"과 마주하는 것처럼 느낄 수 있게 만들고 있다. 특히 그러면서 "흰 소의 검은 눈망울에 맺힌// 저//꽃"이 일단 무의식의 깊은 층위인 일종의 콤플렉스 덩어리로서 "혼란의 응결" 또는 "환각의 결정체"임을 드러낸다.

하지만 이렇게 "저//꽃"을 보여줌으로써 보이는 대상을 더욱 접근시키면서도 그것과 거리를 유지하는 데 그치지 않는다. 무엇보다도 그것은, 제 앞에 마주친 삶의 어둠과 중력을 그대로 받아들이고 인정하는 오랜 인내와 삭힘을 통한 윤리적 차원 변화의 결과라는 점이다. 즉 어느새 "물소리 쟁쟁한 골짝"을 거쳐 산의 "능선" 또는 "기슭을 타고 걸어 오르는 흰 소"는 삶의 무거움이나 괴로움을 벗어버린 게 아니라 그것들과 기꺼이 함께하는 데서 오는 영혼의 비상을 의미한다. 캄캄한 혼돈 또는 삶의 뒷전에 스스로 물러나 있던 성스러움이자 그 무서운 환각의 어둠 속에 감싸 보호[庇護]된 것이 "검은 눈망울에 맺"혀 있는 "저" "흰" "꽃"이다.

그의 시적 지배 정서의 하나라고 할 수 있는 '귀곡성'을 대신하는 '귀소성鬼笑聲'의 세계 역시 이와 맞물려 있다. 그리고 특히 이는 일찍이 그와 문학적 혈연을 맺고 천승세가 말한 "귀곡성鬼哭聲 뒷전치고 생기는 바다"(「서귀음西歸吟」)로 지칭되는 바와 같은 '귀소성'의 세계와 연결 선상에 있다는 점에서 매우 의미 있는 미학적 도전이자 성취라고 할 만하다.

나는 쫓겨 가던 문둥이었다
귀 없고 코 없고 눈썹 없어서
발가락 묻힌 무덤 앞에 둘러서
마주 보고 웃다가 춤을 추었다
어떤 문둥이는 북채를 잡으려다가
떨어트려 웃고 어떤 문둥이는
북을 떨어트리고 울다 춤을 췄다
얼굴 없는 나는 문둥이었다
귀 없고 코 없고 눈썹 없어서
한 문둥이가 북채를 들면 다른
문둥이들도 울고 한 문둥이가 웃으면
서로 좋아 깔깔대며 춤을 추었다
집 잃고 마누라 잃고 새끼 잃고
귀도 없고 코도 없고 눈썹도 없고
무덤 속에 발가락을 묻다가
웃으며 비틀비틀 춤을 추었다
 -「문둥이북춤-안동국제탈춤페스티발 고성오광대 문둥이북춤을 보고」전문

여기서 "나"는 나병으로 "귀"와 "코"와 "눈썹"마저 "없어" 자신의 공동체로부터 "쫓겨 가"는 "문둥이" 신세다. 특히 그 때문에 말할 수 없는 고통과 슬픔으로 거듭 좌절과 절망을 겪을 수밖에 없는 처지다. 그럼에도 "나"는 자신의 "발가락"이 "묻힌 무덤"을 "마주 보고 웃다가" 기꺼이 "춤"을 춘다. 또 그런 "나"와 동병상련의 신세인 "어떤 문둥이" 역시 "북채를 잡으려다가" 그만 "떨어트"린 채 "울다"가 "춤"을 추는 모습을 본다. 더 할 수 없이 비참한 상황 속에서도 "집"과 "마누라", 그리고 "새끼"들까지 "잃"은 "문둥이"끼리 "서로 깔깔대며" "비틀비틀 춤을 추"며 불가항력의 슬픔과 아픔을 큰 신명과 해학과 성공적으로 결합하는 데서 오는 '귀소성'의 세계를 선보이고 있다. 더 할 수 없는 생의 비참 속에서도 자기 풍자를 포함한 익살과 청승으로 "나"와 이웃의 한스러움과 삶의 울분을 이겨내는 '귀소성'의 세계가 그의 시적 미학의 한 축을 이루고 있다.

그래서일까? 대사회적 지탄의 인물들을 겨냥하더라도 그의 풍자는 상대방을 매몰차게 몰아붙이지 않는다. 그 대상에 자신을 포함시키지 않은 채 시대적 타락이나 특정 인물의 부패상을 직접적으로 공격하는 서구적 풍자[Satire]와 일정한 거리를 유지한다. 대신 김수영이 말하는 "동양의 풍자"처럼 그의 풍자는 "남"의 약점이나 단점을 "보기 전에" 제 자신의 허물이나 허위를 "먼저 보이는"(김수영,「헬리콥터」) 자기 연민 내지 자기 풍자를 포함하고 있다. 일방적으로 상대방을 깔아뭉개고 발가벗기려하기보다 놀랍게도 그 와중에서도 바로 자기반성과 자기성찰의 자세를 잃지 않는다.

 썩어가는 돼지 내장에 앉아 손을 비비는 파리는
 어제 승리한 작은 일에 기쁨이 벅차오르지만, 표정을 지을 줄 모르는 유전적 기질을 다행으로 여기는 듯
 뜯지도 않은 문학잡지 여름호 봉투에 날아가 앉았다가 눈깔을 돌려 귀퉁이가 닳은 낡은 비평집 저자 사진의 금테 안경 위로 옮겨 가 돼지 비린내를 묻히고 있다

 파리야
 너는 외로움을 모르지만 너는 지금 외로운 것이다
 한 번도 정의를 실행하지 않았지만 너는 언제나 정의로웠으므로

 좀 전까지 내 목의 땟물을 빨면서 앞으로, 뒤로, 왼쪽으로, 오른쪽으로 그 많은 눈깔을 굴리다가
 썩어가는 동태 대가리의 눈동자를 향하여
 일사불란한 비행으로 구더기를 슬러 가는 선택의 치밀함이여
 너는 비굴을 모르지만 너는 지금 비굴한 것이다

 (중략)

 무겁지도 않은 머리를 오른쪽 팔에 비스듬히 받친

그 잘났다는 어느 신간 시집 시인의 눈동자에 금세 날아가 앉아
또, 그 많은 눈깔을 굴려 가며

손을 비비는
잇따라 자꾸 비비는
슬픔에 잠겨
울고 있는지도 모르고 손을 비비는

파리야

오랜 관습의 슬픔이여

- 「파리의 슬픔에 대하여」 부분

얼핏 보면, 그야말로 "썩어가는 돼지 내장에 앉아 손을 비비는 파리"는 "문학"계의 종사자로서 자질구레한 잇속에 밝은 속물을 가리킨다. 특히 몸에 밴 "돼지 비린내"를 여기저기를 퍼트리고 다니는 "파리"는 "문학잡지"나 "낡은 비평집 저자 사진" "위로" "옮겨"다니며 문단 안팎을 더럽히는 작자이다. "작은 일"의 "승리"에도 기쁜 "표정을 지을 줄 모르"거나 "비굴"하게 처신하지만, 좀체 자신이 "비굴한" 줄 모르는 무감각한 존재가 "파리"다. 그리고 여기까지 보면, 그의 시 역시 비판 대상에 대한 가차 없는 부정의 부정의 방식을 택하는 서구적 풍자에 충실한 것처럼 보인다.

하지만 "일사불란한 비행으로 구더기를 슬러 가는 선택의 치밀함"을 갖춘 "파리"와 같은 인물의 후안무치를 풍자하면서도, '나'는 여전히 힘센 자들에게 고개 수그리는 "파리" 같은 존재를 일방적으로 타매하지 않는다. 그러기는커녕 돌연 '나'는 그런 자들의 행위가 마치 파리들처럼 타고난 "유전적 기질" 또는 "오랜 관습"에 의한 것임을 놓치지 않는다. 그 와중에서도 "잇따라 자꾸" "손"을 "비비"는 "파리의 슬픔"에도 일말의 공감을 보이면서 그에 대한 연민의 시선을 보내고 있다.

 물론 그렇다고 '내'가 여전히 "썩은 음식을 찾아" 다니고 "날아가 손을 비비"는 "파리"와 같은 상대방을 무조건 용서하거나 용납하는 것은 아니다. 그러면서도 한편으로 자신 역시 풍자의 대상인 "파리"처럼 후안무치한 "유전적 기질"을 갖고 있음을 주목한다. 그러면서 한편으로 그걸 "다행"으로 "여"기는데, 이는 그가 시종일관 상대방의 단점이나 약점을 공격하는 서구적 풍자에 그치는 것이 아니라 그 가운데서도 "너도 살고/나도"(「다시 파리의 슬픔에 관하여」) 함께 공존하는 동양적 화해의 풍자를 보여준다. 특히 이는 주로 "습하고 어"두운 곳에 기생하는 "바퀴벌레"와 같은 친일파 등 시대착오적인 인물들을 대상으로 할 때도 확인된다. 그는 "광복절"에 "욱일기"를 내거는 "사내처럼" 행여 "내 속"에도 남아있을지 모를 "바퀴벌레(「바퀴벌레에 관한 단상斷想」)"와 같은 속성의 불철저한 역사 청산에 대한 자기 질문과 자기반성을 동반하고 있는 게 그의 풍자 세계이다.

 나는 그런 이규배 시인이 대학원에 진학하여 학자가 되고자 공부하던 대학생 시절, 도서관에 난입한 진압경찰의 잔학상 때문에 민주화 운동에 뛰어들었다고 들은 바 있다. 또한 그가 김수영 시인이 "예술의 힘으로 커진 사람은 인간으로도 큰 사람"이라면서 "대우大愚를 아는 사람", 큰 겸손을 이룬 선배 시인으로 고평高評한 가람 이병기 가문의 후손으로 알고 있다. 그러니까 젊은 시절 한때 서구적 변혁 이론으로 무장한 투사이고자 했음에도 끝내 그가 고전시가를 전공으로 택한 것은, 즉각성과 직접성이 빛나는「안보리 농장에서」등 그의 단시短詩들이 보여주듯이 결코 우연한 선택이 아니다. 이규배의 이러한 시작품들은 필시 애국계몽기에 애국지사로서 전국 곳곳에 근대학교를 세우고, 익산시 3.1 만세운동을 여산의 일가와 함께 주도하는 등 민족 운동에 헌신한 이채(李倸, 1868~1948) 선생의 직계손으로, 연안 이씨 집안 가풍家風을 이은 가람의 시조 미학과 직접적인 혈연을 맺고 있다고 해도 무방할 것이다.

 이런 이규배 시인은 짙은 눈썹과 우물처럼 깊은 눈망울 속에서 뿜어내는 눈빛이 강하다. 그리고 거기서 나는 그가 어떤 거짓이나 불의를 허락하지 않는 자의 결의와 삶의 행로를 엿본다. 하지만 한편으로 나는 자기를 숨기지 못한 자의 천형적인 외로움과 때로 칼날 같은 비타협성의 시선을 느낀다. 거기서 나는 이른바 리얼리즘에도 모더니

즘에도 포획되지 않는, 그러기에 행여 저평가되거나 외면당해 왔을지도 모르는 저만의 확실한 개성을 가진 시법이 솟아나는 샘을 본다. 그러나 그게 한낱 자기중심의 우물에 그치지 않는, 문득 하늘과 대지와 눈부처한 바라봄의 넓이와 사유함의 깊이가 깃든 큰 시선視/詩線의 시적 눈망울을 말이다.

시집후기

11년 만에 시집을 내며

 7년 전 암 2기에서 3기로 진행 중이라는 진단을 받고 수술을 하게 되면서 여러 치료를 했다. 의사 시인 서홍관 형님의 도움으로 훌륭한 선생님들을 만나서 현재 몸에 암세포 없이 잘살고 있다.
 이번에 펴내는 시집 『삼십 년』은 다섯 번째이다. 11년 만이다.
 그간 혼자서 병원비를 벌어가면서 대학생 아들과 딸, 둘을 부양해야 했다. 시 창작에 소홀할 수밖에 없었다. 대학 강의도 학술 연구도 뜻대로 수행할 수 없었다.
 함께 투병했던 스승 천승세 선생님께서는 먼저 세상을 떠나셨다. 생전에 했던 약속대로 내게 남겨진 일을 찬찬히 수행해 갈 거다.
 7년 전 좌절됐다고 아쉬워하지 않고 내 생의 본격적인

절정은 지금부터라고 다짐해 본다.

 병과 싸워 이기는 데 큰 힘이 돼 준 다정한 친구들에게 감사 인사드린다. 말과 글로 그 고마움을 다 전하기 힘든 건 형제자매 역시 당연지사. 시집 뒤에 해설을 써준 늘 든든한 뒷배 임동확 형님께 감사드린다.

 가난한 환경에서도 좌절하지 않고 아비 속 썩이지 않고 대학교를 졸업한 아들과 딸에게 고맙다는 말을 전한다. 처음 해 보는 말이지만 사랑한다, 아들아 딸아.

화곡동 범허서재에서

2025년 4월

이규배 모심